U0900273

禅海鞭影

——鞭杆技法与智慧

于鸿坤 著

华龄出版社
HUALING PRESS

图书在版编目（CIP）数据

禅海鞭影 / 于鸿坤著. -- 北京 : 华龄出版社,
2025. 8. -- ISBN 978-7-5169-3046-5

Ⅰ. G852.25

中国国家版本馆 CIP 数据核字第 2025JL8763 号

策划编辑	南川一滴	责任校对	李未圻
责任编辑	郑　雍	装帧设计	华彩瑞视
书　　名	禅海鞭影	作　者	于鸿坤
出　　版 发　　行	华龄出版社 HUALING PRESS		
社　　址	北京市东城区安定门外大街甲 57 号	邮　编	100011
发　　行	（010）58122255	传　真	（010）84049572
承　　印	运河（唐山）印务有限公司		
版　　次	2025 年 8 月第 1 版	印　次	2025 年 8 月第 1 次印刷
规　　格	710mm × 1000mm	开　本	1/16
印　　张	8	字　数	60 千字
书　　号	ISBN 978-7-5169-3046-5		
定　　价	48.00 元		

版权所有　翻印必究

本书如有破损、缺页、装订错误，请与本社联系调换

于鸿坤先生与霍震寰先生（右一）卓泽凡先生（左一）

于鸿坤先生与任刚先生

2017 年 12 月北京鞭杆教学课程师生合影

2020 年 9 月武夷山鞭杆教学课程师生合影

2022 年 8 月北京鞭杆教学课程师生合影

教学现场

目　录

第二篇　教学篇

序

于鸿坤先生（阿龙）送来《禅海鞭影》初稿，请我作序。最初是有点犹疑，因为我虽然涉猎拳术多年，但一直未有正式学习器械，恐怕是门外汉，作序有点勉强。不过在细读稿件之后，发现所讲的基本原则道理与拳术相通，古人常说拳成兵器就，是有道理的。

我与阿龙是意拳（大成拳）同门，知道他是一位拳痴，而且修炼站桩的造诣非常高，相信已臻由拳入禅的境界。

本书有别一般坊间武术书籍，重点不是方法技术的指导，而是直指拳术的核心。正如书中指（现在人练的形式越来越复杂，技巧越来越多，内容却越来越贫乏）。这正是近代武术越来越重视外型，而忽略内涵的缺点。

书中所指出的“用意不用力”“破除原来的习惯”“身体均匀”“要求神气变化”等，言简意赅，正是修炼武术的正确原则。

相信读者通过认真思考研究，定能掌握其中要诀，在武术前进道路上，会得到莫大帮助。

霍震寰

2024 年 4 月

圆神不滞　神化无穷

阿龙的新作《禅海鞭影》付梓在即，嘱予为序，我自然是欣喜受命。

我和阿龙从相识而成惺惺相惜的兄弟，一晃眼也已经十几年的光景了。我们时常在一起探讨研究武学心得，互为印证，可谓是最好的知音。我们俩虽然有着很不相同的人生经历，但追寻武学致臻境界的心路历程却十分相近，这也许就是我们能够一见如故，默契投缘并保持长久情谊的内在基础——都是中华武学的传承者、守望者和逐梦人。

阿龙的拳脚功夫以大成拳享誉武林，他的恩师大成拳一代大师王选杰老先生曾评价他是“大成拳断手第一人”。而阿龙在器械武学上的造诣绝不逊色于拳。有枪、杆、刀“器械三绝”之称。其中的“杆”就是指来自西北地区的中华武术绝技——鞭杆。更是阿龙绝学中的绝学，而作为西北大汉的阿龙，与鞭杆从基因到血脉上就有着其他地域的武者所无法比拟的天然传承和灵魂默契。

阿龙的鞭杆已经超越了鞭杆固有内涵。观其运杆，人随杆走，杆随势动，而其势则完全相应于敌我的变化以及天地的运化。正所谓“一杆在手，如握乾坤”。

你若“有幸”与他的鞭杆对战，亲身体验一下那种被充塞天地的巨大威势所裹挟，所威慑的感觉，绝对能让你“三生”难忘：当其时，即使是训练有素的顶尖高手也很有可能周身上下处处感到无比被动。若非高手则会当下手足无措，更或是脑中一片空白，呆立当场。而若是常人则大概率会当场五感顿失，如坠梦魇，求出不能！

每每看他执杆对阵，我总能想起戚继光在《纪效新书》中说的枪棒器械心法："心能忘手，手能忘器，圆神而不滞。又莫贵乎于静，静则心不妄动，而处之裕如，变幻莫测，神化无穷。"阿龙的杆法应该就是这句心法的完美呈现。

而能将一门武技练到如此细腻与出神入化，除了绝佳的天赋和经年累月的勤修苦练以外，与阿龙在"儒释道"三家精髓上狠下苦工是分不开的。正所谓"入道有多门"，阿龙以武入道，将武学作为心性修习的载体，在纯熟的基础上追求知觉本体的开发与证悟。正因如此他才能做到跳脱出固有武术章法的束缚，而以内心的觉知、觉受来焕发武学之大用的高妙境地。

这本即将面世的《禅海鞭影》正是阿龙多年来以武入道、以武证道的心髓总结。我为兄弟今日之武学境界与著述成果感到无比高兴，亦为中华武林能再添一部力作感到无比振奋。祝贺《禅海鞭影》的顺利出版！祝中华传统武术生生不息，代有传人，环宇流芳！

任　刚

2024 年 3 月

一即一切

鞭杆的奥妙，言不能尽，读《禅海鞭影》一书，又观师父运用鞭杆时神气磅礴之势，即可知晓。今择其重，略陈数语，观流行于甘肃、山西、宁夏、陕西等省的各家鞭杆，统属于招法和功夫，而师父所传的鞭杆则在招法、功夫的基础之上，又超越了招法和功夫，进阶于心意和精神的领域，故两者之间最重要的“主体”存有不同，前者是以“功夫”为主体，后者则以“神意”为主体。书中讲鞭杆习练和运用的几个层次：第一层熟练。第二层神气出来。第三层用神气驾驭，神驭鞭杆。就说明的非常清楚了。

我随师父习练鞭杆，虽时日不久，但有很多受用，心中也产生了一些感悟，愿借此契机，不妨总结出来分享给大家，希望对有心之人练习鞭杆有所帮助。王芗斋先生曾言：“拳之用，械之用，合为一体均为用。故器械与体融合而一，即为用械之法则。如已通拳，随持械按拳意练之，持之时日自可得心应手也。”这段话把练习鞭杆的原理说得非常清楚，持鞭杆时是手的延伸，手是心的妙用，心上功夫就是禅的精神境界，所以要用练拳之意拿来练习鞭杆，安住在禅的精神境界里驾驭运用鞭杆。我即按照这个原理练习，后来慢慢感知到鞭杆确有“一即一切”之奥妙，与拳理不异，鞭杆可以——恢复灵性，觉悟身心；力含宇宙，假借虚融；允执中道，神意游空；无物无我，妙用无穷。这些都是真实不虚之事理，愿有缘之人，悉心研究，以期利己利人，播撒智慧种子，传承圣贤命脉。是为序。

门　学

2024 年 8 月

延续心学之理，体证心外无物

2014年于鸿坤先生出版《大成传习录》时，我写了一篇题为《延读心学之理，直指良知良能》的掘作。如今十年过去了，于先生的第六部大作《禅海鞭影》即将问世，借此机会我将这十年通过坚持练习立禅站桩和初步学习鞭杆的技法及智慧，对我体证心学智慧的帮助写一点肤浅的体会。

有一年清明前夕，我和大家随于先生给王选杰老师扫墓，路上我向于先生讨教体证心学的方法。他说心学体证分三个层次：体证心外无物是第一步，是前提，进而才能致良知，然后自然知行合一。我理解到证得心外无物是进入心学智慧殿堂的门径。

立禅站桩旨在以身正心、以心应物、以物用心。

身是与心最近之物，通过立禅站桩达到自身均匀整体，自身完善后融入无为虚空，身体化为意体，成为有形的神意，从而体认自心之全体、天地之中道，体认身心无二、心物无二。

鞭杆技法的练习是立禅站桩的重要部分，是加强桩，是活动桩，是机势无穷变化的桩。技法熟练后，身体与鞭杆成为均匀整体，一气周流，以神意运用鞭杆，此时感觉鞭杆并非外物，是与身体合一的有形意体。这种智慧状态能够帮助人们觉知一切事物与自心无二，从而进入心学之门。

我写这点体会纯属抛砖引玉，希望诸位同修指正。同时切盼与大家共修鞭杆技法，相互交流，共证其中的高妙智慧。

董力民

2024 年 6 月

身随意动　神驭鞭杆

收到于鸿坤兄新作《禅海鞭影》书稿，邀为作序。虽于武学尚在门外，但对鸿坤先生深为敬佩，亦感兄情谊深厚，却之不恭。犹记2011年3月在北京贵宾楼饭店，由刚刚参加完“两会”的霍震寰先生组织，邀请了在京各派武学大家相聚，期间畅聊甚欢，各家尽示门法精要之所长。犹鸿坤兄低调内敛、兼听谦受，令我印象深刻。后又于2015年与在港各武派相聚一堂，期间更是有幸亲睹兄一展技艺，不禁击掌叫好。

近年来，多有交流。知兄身为大成拳传人，更遍访佛学、国学、拳学大家，以求贯通拳理精髓，亦在习武研练的同时，大量阅读典籍，对武学的理论与实践，教学与训练颇有见地。称得文武兼备，著作颇丰。《立禅即意》一书更得著名佛学家谈锡永先生批注，将以武入道的拳法与禅理相通，佛道相融。

兄亦与其他武派交流颇多，突破拳法局限，除精通徒手技击，对长短器械格斗亦有心得。这本《禅海鞭影》便是从鞭杆起源、心法、基础、练法以及在生活中的应用细致入微的做了详解，语言平实无华、生活具体，但练法精要详尽，学员演练评价部分更是生动易懂，相信习武者依要研习，定能有所精进。如今中华武林再添著述，深感振奋鼓舞，祝贺《禅海鞭影》顺利出版发行，以飨武者，更让中华传统武术源远流长！

卓泽凡

2024 年 5 月

鞭如其人，变化身心

我是阿龙师父的弟子，在师父身边熏习大成拳立禅，体验生命的觉性。阿龙师父实证了中国文化中的“天人合一”与“知行合一”的境界。在我看来，阿龙师父会成为中国武学史上的一座高峰，会是“为往圣继绝学”的集大成者。

立禅法门中的桩法——“破四相、去我执，性相不二”。阿龙师父不仅以禅法入拳法，更是“以拳法释禅法”。

大成立禅法门有完备的训练体系，通过立禅站桩，让学习者不断的接近“无染觉性，天人相应”的以身法入道的训练，是“允执厥中，天人合一”的修行。

阿龙师父传习的立禅法门，诠释了无为法至简的大道：“即在身内，又在身外”。通过桩法，把“道心惟微，惟精惟一”的精髓发挥淋漓尽致，这大概就是阳明心学的赓续。

鞭杆是阿龙师父喜欢教习的一项训练。因其“鞭如其人”的特性，和立禅一样可以变化气质。阿龙师父手中的鞭杆摧枯拉朽，虽然小小一根鞭杆，也让我一窥传说中武将的境界与神威，可谓是对当代武学的加持。

感恩中华大地上历代都有阿龙师父这样的传承者。我坚信，像立禅法门这样的文化瑰宝也一定能薪火相传，不断发扬光大。天佑中华。

王立公

2024 年 6 月

自 序

我小时候就喜欢武术，尤其喜欢器械，四处拜师学练各种拳术，对长枪更是情有独钟。后来有机缘拜在著名武术家马贤达教授门下学练马家武艺，通备拳十二大趟子，鞭杆五阴七手十三法等。喜欢鞭杆，又有机缘学到多家不同风格的鞭杆、棍法、长枪，各种思维的交织，非但心里不能“得劲”，而且增加了更多的不满足、不彻底、不究竟感。修练多家鞭杆技法，得到多家鞭杆的传承。在这个过程当中有一次有一个老师教我鞭杆的一种技法和劲道，我总觉得哪儿不对劲，那种劲道不适合实战，后来我就琢磨，我把大成拳的心法融到鞭杆里边，身动起象外，精神放大。当时正好老师从门里面出来，我把鞭杆拖在身边，用神气迎了他一下，精神在先；他马上说“你别过来”，就是那种口气，有点紧张的样子。我就突然意识到，我这个状态超越了他，超越了他的鞭杆技法的境界，当下十分高兴。后来就一点一滴，逐步一个动作，一个步法，一个顺逆，一个眼神，等等，我就系统地变更、刷新之前的训练与应用系统。尤其在鞭杆训练的功法上有所变化，鞭杆的训练先是要熟练鞭杆的动作、技术，然后再练劈架子、搂带绷子、搅槽、扎垛子、练人等。这些有形的训练有一定的基础后，就要回到专门培养“空”的训练。空有多重含义，在鞭杆来说第一种含义是空灵。拳谚云：练重不如练轻，练轻不如练空。经过各种功法技法的训练，就要进入到以空灵为指导的战术专门实践应用练习。第二种含义是在空间上使对方处在“无能”状态，用有形的功夫的方法，空灵的感知天地宇宙之气的方法，使对方僵硬、呆滞、紧张、无所适从。第三种含义就是心不染着的无念无相的空满境界，眼中有人心中无敌。

通过这些训练，在以后的实践中往往是势如破竹，对敌的时候精神笼罩，对方就是无从招架。有了这样的心得，我觉得应该贡献出来，分享给大家，使大家在形之上悟有所得。

于鸿坤

2024年6月

第一篇 总论

第一章　历史源流

过去西北地区的人们出门远行，出于护身和自卫的需要都习惯随身带一根便携的木棍。一般长的称为棍，短的称为鞭杆。携带包裹时能将包裹挎在棍子一头担在肩上，如果遇到野兽或打劫的人，他只要举手抬起棍子，后面挎的东西就滑落了，棍子立刻就可以当武器用了。后来它慢慢地演变出很多东西。

人们用棍的历史相当久远，明代有关棍法的著作空前发展。明朝武学大家程冲斗[①]说："凡武备众器，非无妙用，但身手足法，多不能外乎棍。""棍

---

① 程冲斗，字宗猷。编著有《耕余剩技》。对明清武术发展影响深远。

为诸艺之源。”何良臣《阵纪》[1]说：“学艺先学拳，次学棍。拳棍法明，则刀枪诸技特易易耳。拳棍为诸艺之本源也。”

鞭杆演练时，单手或双手持鞭杆。其击法有戳、劈、挑、扣、崩、点、击、撩、拦、截、拨、架、推、挎、绞、压、舞花等。演练中要求手不离鞭，鞭不离身，走鞭换手干净利落，动作有左有右，身法伸屈吞吐开合，翻扯拧转，方法刚柔相济，力贯鞭梢。

---

① 何良臣，明朝军事家，诗人。兵学著作有《军权》、《阵纪》等。

第二章　选材形制

材质与规格

鞭杆分大小头。一般情况下大头直径 2.5 厘米左右，小头直径 1.8 到 2.0 厘米。（图 1）

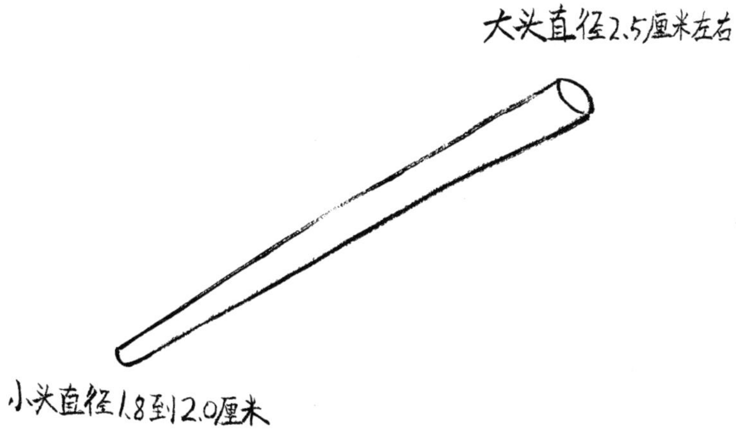

图 1

鞭杆的材质以白蜡木为最方便、最经济。过去白蜡也有很好的，还有青蜡、黄蜡和红蜡。过去好的蜡木至少四五年才能长成这么粗，现在的白蜡一年就长成这样了，所以它们的重量和密度就不一样。不管多好的蜡木，在器械里边都是下等的。

终南山有荀子木、金刚木、龙背、黄栢等，还有铁甲木，也叫铁匠木。铁匠木做不了鞭杆，可以做棍子，因为太重。金刚木和龙背做鞭杆是最好的，但是那个有点贵，又少。因为珍贵，你拿到手里，做些动作，心里就很乐意配合它。

长度的选择

鞭杆过去也叫“十三把”，因为鞭杆的长度通常以使用者手握十三把的长度为宜。但是现在人普遍身长，手小，通常以十四把更恰当。

因为人的身材各异，为了更好发挥鞭杆的优势——既能打的着，又能藏的住，选择自己合适的鞭杆可以有三种测量方法：

一、手握鞭杆从一头至另一头为“十三把”或者“十四把”长为宜，因人身材不同而异。（图 2）

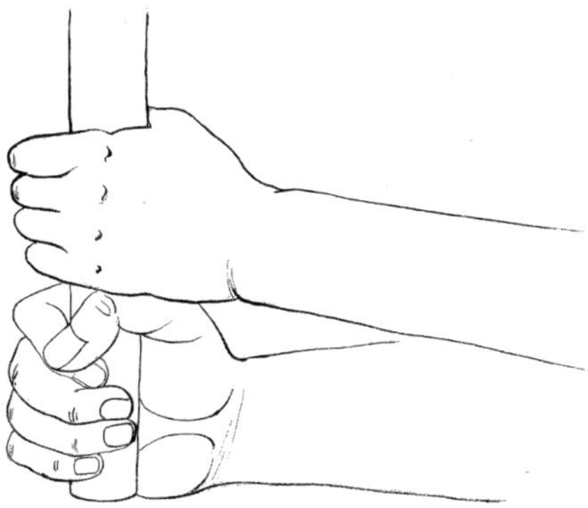

图2

二、身短臂长者可以用第二种测量方法：鞭杆长度等于自身一手臂加一肘长。（图 3）

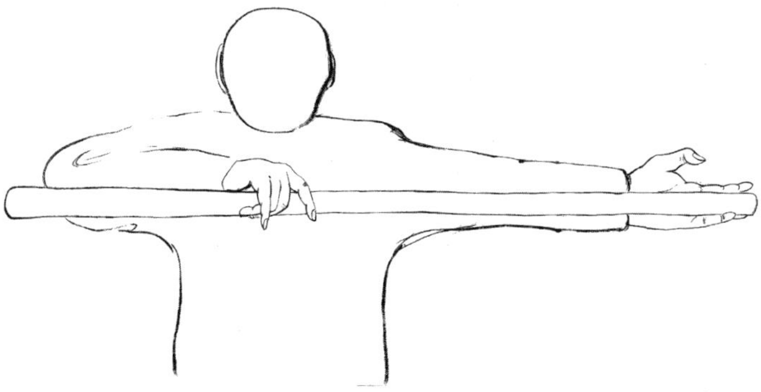

图3

三、鞭杆直立，底端触地，顶端到自己的膻中穴向上一寸的位置。（图 4）

图 4

第三章　功法总目

基本术语

“把”和“梢”：“把”是粗的这一头，“梢”是细的这一头。

平常放置鞭杆的时候，梢朝下，把朝上。因为大多数情况下你手握的是粗的这头，如果你把粗的这头放下面，拿起来用不方便，而且靠近地面的地方容易摩擦、损坏，拿在手里就不方便。

阴把：两个手心朝下持握鞭杆叫阴把。（图 5）

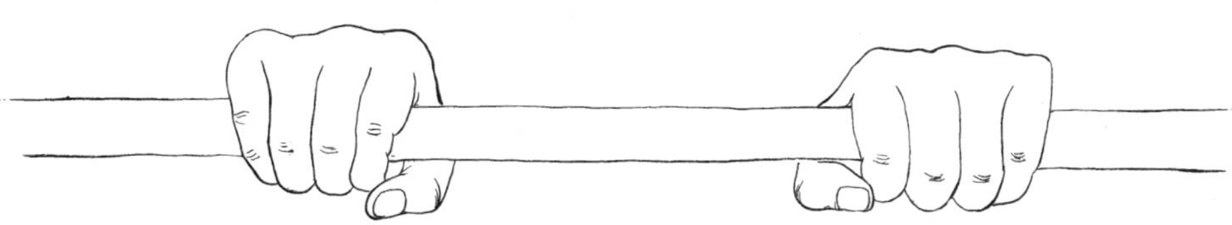

图 5　阴把

阳把：两个手心朝上持握鞭杆叫阳把。（图 6）

图6　阳把

阴阳把：一个手心朝上，一个手心朝下持握鞭杆，这叫阴阳把。（图 7）

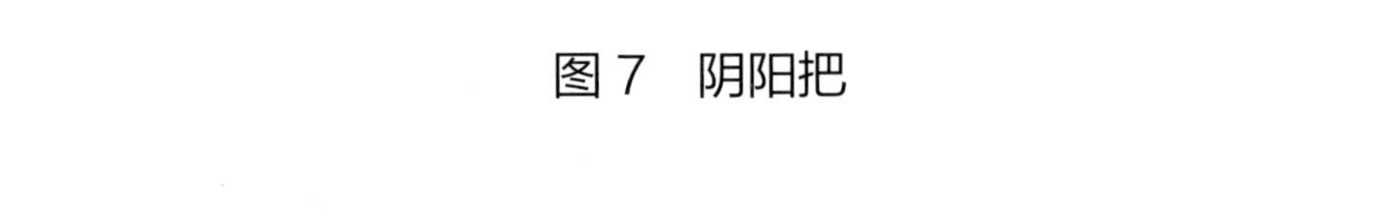

图7　阴阳把

对把（合把）：运用鞭杆时两个手合上叫对把。（图8）

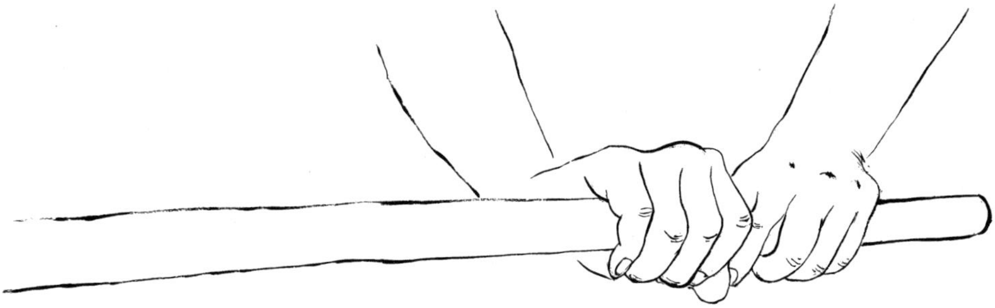

图8　对把（合把）

两个基本功

一、十字八道（又叫阴手四调、米字调把）。

二、无中生有。

三个辅助训练

一、劈架子：用白蜡杆扎一个架子，在架子上实操鞭杆的动作。

二、扎垛子：草垛子堆起来，用“无中生有”

等扎枪的动作来扎，培养鞭杆运用的感觉以及身体与鞭杆合的能力。

三、搅槽：可以用粗一点儿的棍子和鞭杆两种东西互换练习。在一个槽子里放上沙子，把棍子或鞭杆插进去搅动。有阴把、阳把、阴阳把等几种练法。

两个技术体系

一、轮。

二、折。

一切用法都包含在“轮”和“折”内，窜、捣、戳等都在其中。

轮和折的区分只是为了初学者习练方便，实际上二者不能截然分开。每一个动作都是全息的，熟练了以后变化多端。

传统鞭杆没有套路，只有两个段子——“五

阴”和“七手”；十三个用鞭杆的原理，所谓“十三法”。

刚开始练的时候不要追求变化，先把变化的素材学会。

练习方法以“十字八道”和“无中生有”为基础。

第四章　旨要精微

性能特点

鞭杆的制式决定了它的用法，它有几个突出特点：

一、轻快、急速、凶狠。

二、角度刁钻、灵活多变。

三、力若抽鞭。（这是它最显著的特点。）

四、掉手为母，把梢并用。（这是它跟其他所有兵器不一样的地方。）

五、短兵长用，放长击远。

神驭鞭杆，变化莫测

当武术的训练缺少实战的应用越来越久的时候，

它就会向旁枝末节延伸，出现极端的变化，要么就是柔媚的练法，要么就是追求难度，要么就是极端地增强骨肉的力量，把胆魄神气对敌、应敌的节奏变化全丢掉，这是武术发展过程中出现的问题，但是很多人都忽视了这个问题。

技击、格斗的最核心的要义就是神意相接，把身心解放出来，才能用，否则神气和身体双重的情况下，就是普通人讲的“身上就僵硬了”，就没有用的东西了，这是第一个原则，也是最根本的原则，内行和外行的区别就在这里。

以神驭鞭杆，对身体有要求，身体必须均匀。只有身体均匀，才能接天通地，借天地之力。练鞭杆最大的一个好处就是能让身体均匀。什么是身体均匀？比如说，动一个手指头，不是说动这儿，这里紧，我动一个手指头，我全身用力的程度是一样的，这叫均匀。只要不均匀，就是局部，就不是整体。自己首先是个完整的整体，才能与天地相合，才能一气周流，神气得以起用。

中国文化是这样，不用的时候不显现，用完了又归于平淡，它是这种状态，这是真的。如果是假的，平常虚张声势，用的时候瞬间缩回去了。从这就可以辨别真假。因为那个假的是程式化的、固定套路的东西，紧要关头不是他真正的状态。我们练的这个状态是为了紧要状态积累的，是为它服务的。紧急的时候，精神出来就能应对自如。打起来排山倒海，遍地开花。

鞭杆最精华的是神气和变化。当你能用神气的时候，用法随时就变了。学会基本动作，熟练以后可以有无穷无尽的变化。

古人传授非常慎重，传理不传法，传法不传理。如果理、法都教给你了，他不让你看这个势。你理、法都会了，没见过这个势，你就不知道拿什么用这个法和理。势建立起来，才能用这个法和理。理、法、势都有了，你没见过这个火候，总是时机不恰到好处也不行。火候的把握，必须手把手教着练，练到身上，学是学不到的。你得有觉知，才能感受这些东西。没有觉知，硬练，练出来是死的。

鞭杆之法，是借物之性，成已之德，相得益彰，互相促进。练的时候，遵守空、有的原理、中环的原理，以感知入手，以空应有，以身运鞭，以鞭激身，精神笼罩，法无定法。

当你拿起一个你认为有缺陷的鞭杆时，此时不能和鞭杆较劲，而是以它来完善自身，然后你会发现，肩膀松开，身体归位的时候，鞭杆也就好用了。鞭杆的弯、不直、扁等也就不是问题。所以不管好的、顺手的、不顺手的，所谓的好与不好的鞭杆都能用来完备自身。自身完备了，器械没有什么分别。当器械顺手的时候，心也不能放逸，而是更应该用它来壮大身根、神气。

我们要学的是原理、原则。通过几个基本的式，把原理要练进去、练对。几个式的原理融会贯通了，你组合多少式都可以，式是根据情况相应出来的。

那我们练的技术是什么呢？就是练能力和可能性，通过鞭杆的训练方法，培养自身运用器械的能力、掌控器械的能力，然后在运用的时候、在可能性出现的时候能运用得上，这个可能性是随意的、偶然的、不固定的，不是招法，是应物自然的变化。

习练层次

鞭杆练习主要是功夫，比如说劈架子、搅槽、扎垛子、打崩子、打点，这五种功夫很重要。

基本功主要以“十字八道（阴手四调）”和“无

中生有”为通道，方向一个折一个换。然后纫凳上马，转环外飞，倒搬桨，铁门栓、乱劈柴等都是这两个动作生出的变化。十三法也是这两个动作的变化。熟练以后，就会生成一个适合自己心性、身体特性的一种练法，长期练习就可以了。

鞭杆的运用变化多端，习练需由简单动作开始，逐步在简单里体现丰富。鞭杆有生生不息的变化，哪怕自己喜欢一个组合都可以。最后不知道哪个是哪个才行，连绵不断，连、严、准、重、活，就可以了。

由简单到丰富需要循序渐进，逐步升级。

第一层：自身的熟练、放松、劲道、变化等。

第二层：神气无碍。

第三层：神驭鞭杆。

第二篇　教学篇

第一章　入门心法

甘肃、宁夏、陕西等地，早上晨练的时候通常都会有些人练鞭杆，就跟我们这里练太极拳一样普遍，但是现在人练的形式越来越复杂，技巧越来越多，内容却越来越贫乏。现在练鞭杆视频很多，都练成套路了。套路就练成娱乐了。古人的练法是一下一下地练，它有威力，能起用。

我们要学的鞭杆与立禅站桩的心法是一致的，随便一个动作，它的心法、整体的内容都是一样的，每个动作都是全息的。这个怎么来的呢？大家需要有立禅的体验。

有些人练过别的站桩、练过拳术，那就要把过去练的东西、过去那些想法都放一下，这个很重要！要不然就是按原来的习惯、按原来的规矩学这个东西，不但没入进来，又把这纳入他原来的规矩里，等于没学。你放一下，你走进来，你看一下，这里边的世界是什么样的。从现在开始，学到什么是什么，以前的习惯都要放下，没教的一概不能练。因为它影响你要学的东西，你要是练那个东西，这个新东西学得就慢。

在练之前，我先告诉大家练鞭杆的秘诀是什么：就是高兴地练，随心所欲地练。但是古人有一句话——“从心所欲而不踰矩”。你可以随心所欲地按照要领去练，不是拿着鞭杆嬉戏，更不应该嬉戏中把过去的习惯带进来。不能拿着鞭杆嬉戏，因为它影响你要学的东西。

学这个东西不容易，过去人学不着，现在外边学的跟这个也不一样，要珍惜。学会了，你随意变化都可以。鞭杆不是单纯的技法这么简单，在练这个的过程当中，人的觉知力就产生了，这种觉知可有意思了。

写字的人说“字如其人”，练鞭杆也是一样的，什么人什么动作，它是性格的显现。这个鞭杆很厉害，每一个人是什么样的人，你练练就知道了，自己就了解自己了。

第二章　十字八道

“十字八道”也叫“阴手四调”“米字调把”，基本动作包括起式（挎剑式）、横、竖、撇、捺。

其中一横一竖是基本功。基本功先规矩着练，然后练活了，带着步法和身法；然后再练一撇一捺。一撇一捺练好以后它是一横一竖的用，这时就会横着竖打、竖着横打，就变化了。练的是接住对方兵器以后的变化。

第一节　挎剑式之初级动作

挎剑式是一个准备动作。我们先学简单的初级动作。后面还有升级动作。

两脚平行站立，腿微曲；

两手都是阴把持握，鞭杆把朝上，梢朝下；

前手握的把位要留一把多一点儿，前手贴着异侧的胯，贴住。如果不贴住，就没有力量；

后手自然伸直，能拿到哪儿是哪儿。

要学会拿它，养成习惯，用的时候，端头的把位不能抓到头儿，要留有余地。如果留多了就打到自己了。也不能不留，如果不留，这鞭杆就拿不住，就跑了。

换个手拿，另一侧也是一样。

前手贴住了，就像抽刀一样，你刀不能放得太靠前，太靠前抽不出来，要放在身侧，手才能把鞭杆给抽出来。后手不能太近，也不能太远，自然地远一点儿。

大家看有些武打电影，他是这样拉开架势了，这个就不对了，就跟现在很多人练拳一样，四六步什么的，这就不对了，应该是活性的，要起未起的状态才对。

换个手拿，另一侧也是一样，前边又留一把。

这是一个准备动作。

第二节 横

我们现在开始练一个动作。这个动作的名字叫“十字八道”——就是一横、一竖（十字），一撇、一捺（八道）。

它的特点是把和梢两头互用。不同于刀剑只能用一头。鞭杆过去再回来就把、梢互换了，这个动作是个米字，也叫“米字掉把”。这一个动作是全息的，任何方位、任何角度，既能防守也能攻击。

先从一横开始。

挎剑式。

把鞭杆送出去，拉回来。

送的时候，后手是用虎口滑出去，不用劲，前手要一起送出去，两个手就合上了，这叫“对把”。送出去的时候手臂要伸出去，伸平，伸直。伸直，这个行程就远了。打到口鼻之间的高度。

前手要扣一下。后手像钳子一样把它握住，前手跟环一样，它能来回滑动。“后手如钳，前手如环。”

用摩擦力把鞭杆悠荡出去，不是推出去。不控制，悠悠荡荡的让它出去，让鞭杆借助这种东西。这个才能打人，身上用力就不行。

送出去的时候别想着蹬地这些，也不起伏，就是拧转就够了。一拧胯，肩膀就出去了。身体中正不变，只是重心转换了位置。

接下来，拉回来，拉到头。手臂伸直，伸到头。这个行程就远了。回来的时候稍微曲一下肘。出去的时候两个手臂打直。

练的时候一定要拉回来。应急的时候，熟练了，从哪出去都行，练的时候一定要回来。

拉回来，把鞭杆收到身体的另一侧成为挎剑式。

另一侧练法如前所述，只是方向相对。

反复练习，把这个练熟。

要点解析

1. 合把（对把）、滑把

鞭杆打出后两手成一个点，你才能不控制这个鞭杆。不控制就是鞭杆自身在起作用。如果你两手中间有距离，有些人就会用劲，自己感觉劲很大，但是一瞬间这个姿势就是挨打的姿势。所以打的时候、练的时候要合把、滑把，滑到合的位置。

2. 手臂伸直

练的时候尽量练对，用的时候，用的状态可能和练的状态稍微有点儿出入。你怎么练怎么用是最好的，但是很难做到。你尽量把它练直了，用的时候，急了，曲一点儿，意思是对的也可以。如果你练的时候都不直，你用的时候就又大打折扣了。

手臂一定是直的，直的才有力量。前后手都得伸直。前后手都伸直，肩膀就得错开，肩膀不错开就不行，错开就有拧转之势。

3. 身体拧转，不蹲起

咱们为什么不说蹲起，而是拧转呢？就跟走路一样，重心到这个腿，另一个腿就能动了，你要是这样蹲起，就得产生新的动量才能起动它。

4. 不控制，让鞭杆自身起作用

任何时候鞭杆打出去不要控制它。如果对把，两手之间没有距离，就可以做到不控制。如果你抓的两把之间有距离就能控制了，一控制就坏了，这个鞭杆就不起作用了，就不是抽打的劲了。打完不能用杠杆力，要用悠荡这个力。

要破除原来的习惯，人们容易控制，不要去控制。不控制，鞭杆自身才起作用。你一控制，它就不起作用了，鞭杆的特性就发挥不出来了。

5. 用意不用力

身上别较劲。你一用劲，身上就没有感知。

“用意不用力”这个概念很重要。中国上乘武术都是用意不用力。但是很多人都没有把身体变换成意体，而是多出来一个意。要把身体变成意体，一举一动都是用意不用力。身体不是意体，想出来一个意，就是不是意的身体再加一个意，多出来一个。这是最害人的。应该是把身体变成意体。成意体了，你想不用意，做不到啊！这在儒家叫“变换气质”，要把这个东西变掉。

鞭杆练好了，第一件事情就是心松了，心大了。要学会不控制。

6. 打到什么位置

有些人问，打到什么位置。你鞭杆落下去心里要有个预期位置，打的时候才心里有数。你如果定到这个位置，照这个位置打是没有力量的，要透过去，打到这个位置过一点儿。但是不能打死。打过去以后反作用力能把鞭杆弹回来，还在起始点。

力量要穿过去。不用劲才有这样的力量。如果用劲的话，自己就把这给拿住了。不用劲的话，它

“欻”地切过去。你要为第二下留有余地，就不用劲了。如果打过了，第二下就没法打了。

7. 打出去不能打死

咱们所有的动作都没有死动作。没有我一下怎么样，没有这个。一定不用劲。不用劲才能连续。一用劲就死到这一个动作上了。

我们练的不是一个简单的劲，它是连绵不断，没完没了的劲，不是一下的劲。你一用劲就是一下，它就不是没完没了的力量组成的。所以一定要不用劲，打出去不能打死。熟练了以后它有无穷的变化。熟练了以后就跟那风一样，它前面没有东西的时候显不出来，一有东西的时候才能显出来那个东西。我不用劲，遇到东西的时候怎么这么大的劲？！因为这个劲无断续，用劲的话就只是那个行程有劲。

8. 落点清晰，不控制，但是有节制

要有一个力点。力点要下去。你哪怕下去一点点，力量杀出去了，对方就接不住了。

落点要清晰，不控制，但是要有节制。

不能打一个定点。有定点，可以破这个定点。我这条直线在这儿，正前方，现在落到这儿了，不能非要拿死它。拿死的事情全不成。

9. 力量要出去

打出去，力量就像洒水一样，力量在外头。力量要出鞭杆，让它延续、延续，看不见的力量要出去，而不是在身上有劲。我们要不用力而有力才行。

有的人打出去鞭杆头没劲，原因就是力量让身体给捆住了。

咱们这鞭杆和立禅一样，意识在外头，身体有智慧，心里有外边的能量。动作的时候，不能盯着鞭杆打，意识在外头，就是要看到人背后，我要打他，我不能这样盯着看他，我要打他，要目中无人，这样过去的。练好以后，如果遇到坏人了，拿着书包或者什么东西，你放空过去，脸上给他一下，问题就解决了。

过去有人问我师父，“别人都说您放松，打人的一瞬间您这手得紧吧？”我师父说，“我不告诉你。”他为什么不告诉？他说，“我告诉你你也不相信，我打人的时候手也是松的。”一般人都说“松松的打人，到身上握拳要紧一下”。他说，“我到身上我都是松的。就跟泥巴一样，我到你身上以后，你身体刺激我，在你身上要炸开。而不是说我到你身上要收紧，收紧的一瞬间，一部分的力量就缩回来了。就跟泥巴一样，从高空坠下来的时候，它要炸开。”

所以打人的时候，即使握着拳，到跟前以后就要放开。说这个的意思就是说力量一定要出去。力量不能存到身上。

鞭杆落下去，收回来。体会一下，力量跟闸一样，力量打下去了，它很正。打下去要让人感到舒服就对了，就是把人身体整体打下来了，不是打到手上。打到手上那个打得不好。

如果身体弱的人，“啪”地打一下，如果能把心脉给震开，能挺起来，那就好！

10. 动作要柔和

所有的动作都要柔和，柔和了才能积累，才能积柔成刚，你要是磕磕绊绊的，就始终在这个状态，进入不了另外的层面。

要放长、放平、放展，舒展。让气息散发出去。

11. 要有气场

后手要圈过去，要有气场。人不到，气先到，要把气弄出来。练这个两天把气就弄出来了。

12. 高兴地练

脸上是笑的，不能绷着。一绷着身上就没有灵性了。

13. 安住当下

慢一点儿，把心安住，别着急。咱们学每一个动作，每一个功夫，没有学好学不好，就是当下心要安住。学会了动作，心安不住，反而不好。

14. 容易犯的错误

有些人他够不着，他不知道往前上步，而是够着去打，这就把“守中用中”这个“中体”给破了。生活当中很多这样的人，做事情、说话全是这样。

有些人在胳膊上用劲了。虽然他做的不明显，但也是用劲了，他自己不自觉。我们要有韵度，知节拍。打出去是一气之流行，从头到尾，连绵不断。

有些人本来打的挺好，他一上劲，就习惯的两手中间控制了。本来越打越不用控制，用很大的劲也不控制，也是“欻”地下去。不是说我用大劲的时候变成这样控制了，这样就是死的。要用整体的神气大势，而不是用局部的力量。

这是三个最常见的问题。

第三节　竖

前面学了“横”，现在来学“竖”。原理都是一样的。唯一的区别就是，“横”是平着划过去的，现在拧腰的时候，腰是这样前后拧的，鞭杆是这样竖直方向下去的，它就复杂了一点点。有一“横”的基础，这个就好练了。

打到目标点水平线偏下就行了，不能打到地；也不能只到水平线的位置，劲道要过目标点，但不能太过。打出去不能打死。

前手回收，后手由后抡起前压划出去，鞭杆就下去了。跟刚才那个“横”一样，只不过它方向变了。有些人鞭杆下去以后后手没起上作用。后手得伸直，跟横一样，一起伸直。

把这个圈打大一点儿，慢慢就打活了。

转胯的时候，一个胯必须固定，不能扭胯。扭就没有根了。胯不会转的时候没关系，先手臂，手臂伸直，能贴住耳朵最好，两个手伸出，滑过去。

手臂一定要直，要直着下来，鞭杆从手上滑过去。手臂伸直才有这种力量。两个手打完都得伸出去，后边留一把。如果留得多就碰到身上了。

有些人做这个动作他用背压了。只是转，不用背压。身体要中正、直起来，不能前俯后仰。那个“中”任何时候都是不破体的，它是本，它指挥所有的动作，它不变。

我这样打下去，你看着是身体压着鞭杆，但身上是活的。大家如果看不懂就会认为是压着，压着是死的。有时候鞭杆搁在手里，手都没拿，还是活的，这样它随时才能起来。

如果肩膀有问题，用腰就把肩膀给顺出去了，传递出去。练一练肩膀就好了。

没有死动作。没有我要一下怎么样，没有这个。这个功夫是靠连绵不断取胜的，不是靠一下怎么样。

不打地。这个动作过去是抒发感情用的，在家里弄个草垛，打一会儿出一身汗，心里就放开了。如果有个东西拦着，出去的力量就像千斤闸一样。

过去的武侠小说讲，把手震得兵器都掉了。这个打一打你就知道，只要你用劲握着，就这一下就震掉了。如果不掉，这手臂就震得不能用了。咱们练习用的鞭杆比较细，如果实战用的比这稍微要粗一些，比这密度大，比这稍微再长一点儿，对方被打上的瞬间就失去能力了。

臂尽量直。不能在手臂上用劲，就是伸直。

我们的目的是打对，不是使拙劲发泄。练习打对就可以了。利用惯性把它送出去，只是惯性送出去，不要人为地、有意识地给它加力。一加力意思又变了。

把这个一“横”一“竖”学会了就把你的心态给变了，就能抒发精神，变化气质，能让弱者变强，强者平和。中和之道，用心感知。这个东西确实奥妙无穷。

第四节　撇、捺

一“撇”，一“捺”，斜45度。这个身法和刚才的“横”“竖”稍微有点儿不一样。现在感觉不到不一样没关系，慢慢就会了。动作要领跟前面的基本相同。

横是这样平着过去的，竖是垂直下去的，撇、捺是这样斜着过去的，实际上是一个动作，横竖的变化是撇捺。打出去，抽回来，再打出去，再抽回来，反复练习。

古人也教撇捺，他说多了个动作，实际上不是多了个动作，而是横竖的逐渐变化。打横的过程当中，刚到横了，“欻”就下来了，这才能用呢。打竖的时候，竖到这儿一回身就横过去了。

这个刚开始练有点儿累，因为肌肉在叫劲，放松，慢慢地放松了，借势过去。

鞭杆很有意思，对身体好，对认知也有改善，对检查自身也有作用，要不然自己的习气惯性自己觉察不到。

第三章　五阴

“五阴”有五个动作——揭、打、搬、转、砸，每一个动作做出来都能印到对方身上。在传的过程中，有些人把它叫成“五印”。

同样的动作形式，境界可以千差万别，永远都有进步的空间。

我们从初级动作学起。然后再学升级动作。

第一节　一揭一打之初级动作

揭之初级动作

起式——挎剑式。前手阴把，后手阳把。往前进一步，从底下划个弧。上一步，这个步法是自如的，如果你赶上左脚在前面，上一步；如果赶上右脚在前面，上一步，再上一步。最终要把右脚落在前面。我们之前练的“一横”是后手阴把送出去，现在是后手阳把送出去，也是手臂伸直。

鞭杆的复杂性也体现在把握的方式，一会儿阳把，一会儿阴把，可以变来变去。

前手（以右手为例）是定点，定点高低随意。加上步法，上一步，从左下侧挥出去，挥到身体右侧，右手在下，左手在上，鞭杆垂直。

还有一种练法，鞭杆划弧在地上蹭过去。这个有点儿野。一跨步鞭杆就立起来了。

手划过去，两手尽量合上。这个动作如果两手合不上，之间有一把距离也没关系，完全合不上也没关系，但打的时候要对把打出。

后手这个力点是活的。有个支撑点，但是这个

图 9　学员练习

支撑点是活的。

揭，要往长了走。用腰胯。

打之初级动作

“一揭”之后，再接一个动作——打出去。斜着打出去。出去以后两手是一个阴把，一个阳把，合住（对把）。

要拧身，只有拧身才能蓄上力，这些动作是连绵不断的，第一下动作已经为第二下动作做好准备了，所谓的蓄发、蓄发，蓄发是一，连绵不断。

身上别较劲，要有感知力。如果你打出去身体前倾，就没有感知力了。身体应该始终是立身中正。

躯干用鞭杆，不能跟着鞭杆跑。你得转着用它。

如果打不着，不能探身去够，要追上去做这个事情。身一定要正直。

力点要有，不能太硬，要柔和。

要点解析

为什么把“一揭”“一打”这两个动作分开讲呢？如果不分开，就变成假的了，就练成套路，练成动作了。分开，就是让这一下——“揭”一定要起作用。

所有的兵器当中，这一下“揭”很厉害！戚继光、俞大猷打倭寇就是“一揭一打”。

“揭”，把盖子揭开。比如说，他过来我要打他，先揭开，把盖子揭开，揭开就要过去，不管他拿任何兵器。如果你弱，敌人很强，你用别的办法打不了他，用这个办法也能打他。

为什么？就是要舍身！他要是拿着刀，我就过去，把背给他，让他砍背，他砍的同时我就能打上他。只要我打上他一下，他就结束了。如果不给他砍，也许就没有机会了。所以一定要进身，你给他的时候，他砍上这个事情也就不存在了，这个太快了。你敢真给他，他就没有这个机会了！这就是**心法**。

中国武术很妙。妙是心底功夫，它一定要过界，你心要过这个界，它才起作用，要不然就是世俗的技法。

如果把“一揭一打”连起来练，这个“揭”就没有威力了。你要是单练这个“揭”，它就有威力。这就是古人的练法，**一下一下地练**，**不能练成套路**！

第二节　挎剑式及一揭一打之升级动作

挎剑式之升级动作

之前教的挎剑式是身体直立，腿微曲；现在变成弓步型了，这进了一步。它是没完没了地进步，所以学习的时候不能说“刚开始的时候师父是那样教的”，不是那么简单。刚开始那样你才能学会，刚开始我要让你这样你学不会。

这样的挎剑式，它是含着、收着、蓄着，这样才能发出去。现在要练蓄势待发。比如说我这样对着他，我不能放开了，我得收着、蓄着，才能发出去。这叫蓄势待发。

揭之升级动作

再细化一下。初级动作“揭”后鞭杆起来收回时身体不拧转，现在身体拧得多一点儿。这样接下来的“打”才能出去。只是拧转，身体还是直的，不能往前趴。鞭杆很奇妙，它有各种转法。

“揭”起来后，鞭杆是立起来的，鞭杆竖直放到体侧，是一个准备状态，不是一个不管的状态。一般人习惯把鞭杆抡在身后，应该是鞭杆立在头侧，不到身后去。如果打起来之后不管，鞭杆就跑到身后，就结束了。应该是没有结束，在一个延续的状态。如果鞭杆抡在肩后，对方的兵器扫过来的时候就失去了防护。应该把鞭杆抡到头侧，护住。拧身才能顺着对方的兵器切出去，如果不拧身，用的就是手臂，就是局部。

我们学是这样，但是鞭杆不是这样用。现在只是拿这个“用”说这个动作。鞭杆的用不是揭对方的兵器，是直接照着身体切过去，切过去一拉，一下就豁开了。意要过对方的身体。我要打你，不是接兵器。如果你的兵器拦住我，我顺着你的兵器就下去了，直接打手。鞭杆很轻快，“欻”地拉回来，就跟锯子一样，要把手给锯开了，锯开了再穿出去，再揭开……

鞭杆融合了刀、枪、剑、棍、鞭的用法，但

它又不是刀枪剑。刀剑用一头，鞭杆两头都可以用，它可以这样扎过去，再划，再换把回身。法无定法，由情景而生。鞭杆的用千变万化，你根本想不到。

别想着打人。这个东西学好了不能打人玩，一打就伤了。用这个打人对方没法防备，太快了。别想着打人。学好了可以抒发精神，提升身心能量与生命智慧。

打之升级动作

打的时候再加一个内容——定位。你要定在这个位置，就打到这儿过一点儿。你落下去心里要有个预期位置，打的时候才心里有数。要有力点。

看明白了，还得练明白。

一揭一打之升级动作

起势——挎剑式。就像扫地一样，扫过去，扫起来。现在把这个动作升华一下。刚才是一个手扫地，现在两个手扫地，配合一下。打出去，往空中打。棍法、刀法、实质都是这一个基本动作。

过去打倭寇，俞大猷的刀法是“一揭一打”，就是这一个动作。这是揭开盖子，揭开了打。揭开，上步。先上右步揭，上左步打。揭在底下揭，打在上边打。

加步法

加步法。追了一步。就是上了一步，追着打，这就活了。

够不着了，用步法调整关系，身体始终是中正的。

会基本动作还不能说就会了。

比如这是卫星（鞭杆），还要需要火箭（步法）运用它。会运载这个东西了，还有一个轨道。这轨道是什么？这个轨道是怎么方便怎么来，它不是固定的。

过去说，“教拳不教步”“教步徒弟打师父”。上步，要靠近支撑脚，是这种步法，闪着过去。没有直着进去的。

过去人不教步法，你带步法就能用，就有进退了。

这步法，那跟十字八道的撇捺一样，别把这个丢了。步法也是这个，划过去，拉回来，只是加了个进势，进的势头，进步的这个势头跟这个配合上。原来是原地比划，现在你看，调整一步，然后上步，打出去。调整，就拉回来了。上步，上步打出去。在上的过程当中就起来了。

第三节　五阴之练习方法

搬、转、砸比较复杂一点儿，但是这个复杂跟现在武术表演的高难度那种复杂不一样，这个复杂很妙。

身体要拧转，要来回吞吐，还要有起伏，这三个东西都得有。

主要是后手。后手倒了一下把，其他都没变。武术里说“偷”了一下，这个“机”就有了。你换得要巧妙些，不一定这样换，这个衔接要没有缝隙。其他换法也可以。

鞭杆很奇妙。它有各种转法。难的就是转接的时候。

第二下要定位，定到高位，如果定位低，就得硬翻。定在这儿，回来的时候还要回到这个点上。第一下打到哪儿，第二下打到哪儿，360 度。

先把动作做对，然后慢慢熟练。

如果单练，就练五阴的前两个动作。这是一个组合。俞大猷《剑经》里有个口诀就是“一揭一打”。

揭，要往长了走。用腰胯。身体在拧。

打下去是斜的。它叫“斜肩带背”，这里边有个技巧：身体旋转，大臂带小臂，肩胯要旋过去。

鞭杆练熟了之后身手动作会发生质变，这时候平常你随便拿个东西就可以用了，背包、伞、铅笔、筷子都能用。就跟打鞭杆一样，一定要让力量在外头，不在这个形体上，力量要出去。

附：教学实录节选

从容、中道

有些人打的时候，不自觉地身体往前够，这不行，这个是没有道理的，这是不从容。生活当中也是这个道理，你没那能力就往前够着不行，你得到那个位置。老子说“无为”，你去够就是有为。不用够，这就无为。不做错事就无为。其实迈步过去就可以了。

练习鞭杆可以把我们归到“中”的状态。中的状态是什么？道家讲就是“无为”，中就是无为。无为是什么？无为就是老子《道德经》“道可道，非常道”，道就是一个生机，一个无为。儒家讲“时中”，“时”是时间的“时”；“中”，就跟钓鱼那个漂子一样，任何时候都在这个状态。

这个特别重要。很简单，很重要。所以练的时候，你看，不能把目标设定到那，不能够着打。古人说把对方揽到怀里打。揽回来打，是这样打，而不是够不着这样打。关着门打，这个很重要啊。看，这样，这就可以。不必要够得很远。不必要一棍子把人打死。就跟打拳一样，你做对了对方就输了。对方犯错误，错误的轨道跟你这个轨道一相撞，他就不行。

就跟他们推手一样，也是只要是用劲、只要有想法就瞬间就没了，因为你是全开放的感知系统。

要立足自己的中正，无为，没有想法。只有这样，长期坚持这样练，在这个无意之意当中，这感知力越来越强，越来越大，到时候才能形成应物自然。

鞭杆和立禅

鞭杆和立禅是天生的绝配。这鞭杆是经过咱们重新定义的鞭杆。西北鞭杆和山西鞭杆也不是这样练。

我们刚开始练，练练就知道了，这个是高妙和广大，也就是妙和勇，只有这种鞭杆训练最容易把它融为一体。

两个系统

我们很多人练过太极拳，太极拳拳论非常精美，里边有一句话，就是身上但凡用的时候有所滞，就是双重之病。太极拳所有的错误，只有一个错误，就是双重。双重是什么意思呢？双重有很多意思，最主要的意思就是精神和骨肉系统这两个系统分不清楚了。分不清楚这人就没有觉性了，没有觉知力了。

要把那个骨肉系统以外那个东西摘出来，要把神摘出来——神光笼罩，就是看着这个东西，让心松开，让这个身体骨肉系统解放出来，这是工具，让这个东西始终在，是这个东西。你不能拿了一把刀——你看电视剧里边，一个女人拿一把刀，碰到坏人了，“你别过来，你别过来”。拿了一把刀喊“你别过来”，那就是精神和骨肉系统压到一起，人没精神，这工具就不能用了。

所以我们打的时候，你看，心中无敌，只以神遇，不以目视。就是似看非看，我们要专而不住，不能住到对方的器械或者对方的身体里。对方拿着棍子，我不用看，我能看见，但是我的精神可以看到所有的地方。不住到对方身上，然后就手臂做这个事情，手臂做这个事情。始终没有一件事情……你看棍子来，棍子嘎啦啪——就这样，我不能看棍子来了，不停地做这个事情，那就紧张，还得调整。不用调整，就这种距离，你平常训练多少次，这个距离是平常的事情，根本就不需要对敌的时候还判断距离的事情，没有这个问题，这个问题是没有的。那很多训练有素的人用的时候不会用了，他盲目地紧张，把自己感知的系统就丢掉了。

所以我们这个，嘎——就过去了，就随便，练过没练过都不重要，因为这是工具啊，就跟你拿个螺丝刀上螺丝，你这样拧也行，这样拧，抽只烟这样拧也可以，因为你知道它的属性了，知道它的原理了，所以拿着鞭杆他刚要举起来就过去了，他一架，唰就下去了，就是这个东西。这是因为不住，不住才有这个东西，你一住就没有了。我们说专而不住，专就是这个东西不能丢，不住在对方身上，你一住到对方身上，把这专就丢了，专是周遍。

多练

学员：打的时候要盯着鞭杆走吗？

师父：不一定。但是眼睛不管看哪儿都是往远看。刚才说“两个系统”，我这样看着出去，眼睛要把周围这些罩着，不一定看鞭杆。

学员：刚开始练习的时候是不是要看着鞭杆？

师父：你看着舒服就看呗。“两个系统”很重要。

学员：您是说眼睛的系统和身体的系统是两个系统？

师父：对，眼睛跟精神的系统是一个系统，跟身体是两个系统。

学员：无时无刻都要保持这种状态吗？

师父：不一定。境界不同，表现的形式不一样。

学员：对初学者来说，哪一种好一点儿？

师父：初学者就是不停地练。多练就好了。

用力与不用力

学员：初学的时候不用力就好？

师父：用力不用力都可以，就是用，用散发的力，不能瞎用力，但是刚开始尽量不用力。

用整体之力

他打得有个特点。他前端力量打得很好，很自然。

鞭杆有个动作叫“二回头”，这个动作很多人打不上劲。打不上劲的原因是，他用的是手臂的力量，身上的劲用不上。

这个动作不是手臂的劲，也不是身上的劲，它就是送出去，不考虑。你很熟练的时候，身边有东西过来，躲一下，用这个劲就打出去了，这是以后的事情。

他身上具备前端的这个，但还不是，它应该是全身的。

一定要松

身上一定要松。用身上身上也不能紧张。

放开，不控制

你看他俩的区别是，他是控制，他是放开了。不要控制，要放开。

要有节制

你这个没出来，在做动作。

要有节制，你没节制。到这儿就行了，到这儿太远，再想起来就起不来了。再起来就要用身上。要有节制。

太极拳推手就是节制，从头到尾都是节制。

恰到好处

我们说中嘛，你控制不对，不控制也不对，就是恰到好处。

手臂伸直滑下去，快下去的时候控制一下，在这个过程当中不控制。

身体任何时候不能丢掉，身体一丢掉就完了。

慢慢地调整，调整得身体不僵硬，刚开始不会的时候身体是僵硬的。身上不自主，跟鞭杆走。身体别因为鞭杆下去紧张了。

熟了继续练。每天二十遍是起步，然后四十遍，六十遍，一百遍。一天能练上一百遍就可以了，拿着背包、铅笔、筷子、伞就能用了。没有质变用不了。

不绝对

好，会到这，再进一步啊。你看，也不是绝对的不控制，不是绝对的，我们学中道么，如果控制是这样，如果不控制是这样，这样也不对。你说不控制，他也在控制。他能进——打面；他能下——打手。他打完以后，借着它的弹力又回到中间，回到这，指着他，也可以杀下去，也可以顶上去，这里边慢慢来吧。

与外界链接

你为什么打不上呢？因为你还是自己在做动作，跟对方没关系。练拳要跟外边有关系。跟站桩一样，身上完备以后，用完备的身体跟对方有关系。

让身体醒过来

别琢磨，让身体醒过来。

落要清晰

你是滑过去了，虽然不用力，但是还得有力点。落下去，之后再收回来。只有落下去的时候，它才能有势能。但是这个落要清晰。

步法是运载的工具

彩明：师父，这个怎么上步呢？

师父：往这边，这样。往这边不行，再来一下。一步过不去，再来一下。

圆音：师父，早上问您那个拗步走也可以？

师父：都可以。

圆音：顺步、拗步走都可以？

师父：那个都不重要，重要的是你走到一个合适的位置。

圆音：方便。

师父：哎。那都是演变出来的，主要是这种方法。这种方法，这是导弹，这是卫星（鞭杆），这是火箭（步法），你拿它运用这些东西，是不是这道理？你光是这个，它发不出去啊。诶，到这儿就发出去了，是吧？“啪”一移就过去了。

凤辉：步法不用特别去在意？

师父：步法就是方便么。我在这就不用步法了，你看。是不是？

凤辉：对。

师父：你要打我的时候，我这个时候这就是步法。我不能站在这儿挨打啊。诶，这就是步法。至于怎么个步法，看你怎么方便。

那有些人，你看，实际上他本质位置没有移动，他只不过方便移了一下，在拳术里面这步子是不对的，但是很多高手都用的这个步法，只有这样他很快就能反击过去。你如果按对的步法，这样移，你要再找别人又得重新启动。

凤辉：那个势就没了。

师父；嗯，势就没了。所以他就绕过，绕的同时就扫过去了。

气息显现

拉着地时候，找一下这个阻力。阻力太多了就卡住了。

尽量在地上划长一点儿，划到够不着的位置，一直到跟前，这样气就过来了。

鞭的属性

太快了。你一快就想用劲，就变成这样，这把鞭子当棍子用了。鞭子是软的，你这样忽悠着打下来，你拿到这了，把这真正当作实体了，这是软的，你看。

再来一下。（学员演练）

没有对上，对上了才是软的，对上了以后就是不控制了。不控制是这样的。

不控制，看着前面，不看鞭杆。

你是用棍了，没用鞭。鞭子甩出去。放开，不要了。

对了。这个力量就打得震手。就是拿捏了，不拿捏。跟刀一样，跟鞭抽一样。

要有一个力点。力点要下去。

好，对了。你哪怕下去一点点，力量杀出去了，对方就接不住了。

千变万化

鞭杆融合了刀、枪、剑、棍、鞭的用法，但它又不是刀枪剑。刀剑用一头，鞭杆两头都可以用，它可以这样扎过去，再划，再换把回身。法无定法，由情景而生。鞭杆的用千变万化，你根本想不到。

三年内不可一日无师

古人说“三年内不可一日无师”。只要你练，每天会有变化，变化出来的时候，你很容易按照自己的思想理解这个变化，而不是按照这个事情的发展往前走了。回到自己的想法理解这个事情，自己的想法经验很局限，跟这个事情没关系，于是就理解错了。所以练功夫，只要认为自己有心得，只要有什么想法，全是练错了。

我很多徒弟功夫很好，每一次来都说“师父，我这一次真明白了”，我说“这话你都说了二十多次了”。后来我就跟他讲，原来我跟我师父学的时候，我有些师兄就跟师父说“师父，我真明白了！”我师父说“这就是糊涂的开始！”我说这个不是为了热闹，就是通过这些你可以体会、认识练习的方法、次序、境界，心里就有个数了。

不能机械地求对

慢慢地调整，调整得身体不僵硬，刚开始不会的时候身体是僵硬的。身体别因为鞭杆下去紧张了。

我们练的鞭杆跟立禅是一脉。不用力，力量像一道光一样，像洒水一样，洒出去了，很远。你那个底座要稳。你不能光想远，底座还要稳，很稳地洒出去。

要慢慢地越来越准确，往准确的方向走。腰背放松，不能机械地求对。如果机械地求对，里面的肌肉、筋骨、经脉都在较着劲。动作做对，里面得是松的。

练对基础很重要

在这地方，看，伸直了——推出去，打下来。

前面为什么我们练这个东西？不练这个东西就理解不了。不练这个东西，就练成技术了，唰，就看谁快。你练这个东西，它是这样，你看，对方就没有抵抗的余地了。

在松的通道里加劲

两个手并在一起，并到一起才这样。如果不并，你看，变成这样了。并到一起，它一个点嘛，一个点它就能画圆嘛，两个点就要搅动了嘛。下去的时候，两个手合住，合住它只有一个点。你要这样，你看，它搅动啊。

要抡到这样，身子要拧一下。

啊，对了。

先不用劲，先让身体松，看，松着，慢慢加劲，加劲是在松的通道里面加劲，不是别着劲硬加劲。

抬起来别把身体夺了，身体是个轴，你看。有个目标。别刻意用劲啊。

练的是能力，不是套路

凤辉：在用法上，您看我，撩肯定是这样吗？

师父：没有用法。

凤辉：那为什么撩？要滑的时间长一点呢？

师父：滑的时间长一点儿身法就整了。这个没有用法，用法是实战中他有这个能力他才用啊，不是绝对拿这个用，这就变成套路了、变成招法了，能听懂吗？练的是能力，不能练成招法。

身体用它

身体不能让鞭杆给带跑了。你一打，这，把身体带跑了，身体用这个鞭杆，我们不是说借天借地嘛，身体用它。打下来，这东西不能跟着跑，虽然说是侧身，但这是鞭杆围绕着身体。

步法的练习

师父：你这个问题，虽然步子在移动，但是移动的步子太沉重了。移动不移动不重要，重要的是步子要轻灵。即便不移动，它是这种。如果快了，看，这样，它几乎没有……

圆音：师父，这个需要先练摩擦步吗？

师父：就这样练就可以。

步法是活的

你看，跨一步，起来，打下去。落到这。好，但是这只是实验室的动作。所以我们要两个腿都要用，他在这，你看，落，哎，我突然这样挺好的。

他如果跑了，往这跑了，哎，然后我赶一步就上去。不管什么样的飘忽不定的目标，我始终要把你拉到这个位置，这就是学问。为什么要打移动靶，你始终要拿住它，才能发射。所以就有了，跨一步，起，上一步，打，再跨一步，起。你看最后打活了，来回的，活的，一个事情不能看死了，因为目标是变化的。

火候与变化

过去人小时候练，他身上活，打的时候他还缩身，缩回去以后从这边打过去，转一圈打。这个东西的火候比较难掌握。他本来是打不着了，借着这惯性起来的，过去了。现在人练成套路了，就变成这不是打了，直接是为了第二下，就把这个给省略了，一有套路就成假的了。

轮和折

鞭杆就两个动作，一个叫“轮”，一个叫“折”，硬折。

咱们练的是硬折也都归到轮子里。每一个动作都是圆整的。

轮子主要是打手，打手最快。

这一个动作，就把 80% 的内容都练了。你看前面练那些东西，看，这都活了嘛。

乱

这个叫“乱”，乱七八糟的乱。跟前面这些动作风格不一样。

只有鞭杆可以串把，棍子不行。棍子太重了，棍子你一串，成单手了，接不住。鞭杆没问题，鞭杆你一下来他跑了，他不硬来，他跑了，他底下顺着这条中线就接上了。所以鞭杆很危险的。

你看着我，我给你一个机会，你砸我一下，你砸我一下这就完了。这从底下一挑，就翻过去了。翻过去还没完，这个东西很麻烦的。

所以说西北人谁拿鞭杆比？拿棍可以比。你看早上在武威、武山、天水、高家洼，在那些地方，包括陕西的一些地方，早上起来有拿鞭杆在那练的，有拿棍在一边练的。拿棍子的人：“来来来，咱活动活动。”有些人拿两根棍，就互相比划，“来大家轻轻地碰一下，打我一下。”他就玩儿着打。鞭杆不行，鞭杆你一碰他过去了，他过去从这边唰就下去了，他这边又回来了。那连绵不绝太可怕。所以拿鞭杆，没人说比划比划，没人敢比划。

犹如把字写活

这样对，但是不能拘谨，不能为了对变成这样。

还有这个东西，这就跟写字一样，写楷书也要把它写活了，不能把它写死了。

心法与身法

我们今天说两个东西很重要。

第一心要安。你打的时候心安住，把自己心安住了以后，做这个事情。不能够不着，这就不安了；收不回来就不安了，收回来，心就安住了。有些人着急，在这就想出去。收回来，心就安住了，心安。

第二个，身法很重要，第一心法是心安，第二身法是中正。中正就是——这是个原点，把它放大。你看放大，哎，放大，一打人就大了。还有就是不要太追求用劲，用劲是熟练以后自然它就有劲了。不熟练、不对，光想着用劲，那就进入不到这个轨道。不要用劲，把它打对，打对，慢慢地它也快了，它也有劲了。你打不对，不停地用劲那可不行啊。

放轻松

不用力，自己别想着用力，光想着把动作做对就可以。你看，光想着把动作做对。就是放轻松，这种力量是这样的力，不是光想着用力，这反而不行，这样打的人难受，拿鞭杆的人也难受。

不带情绪

平常对事情的判断不带情绪，就容易做对这个动作。

以己之能借鞭之势

你看，打，这个火候在哪里啊？在这底下。很多人打，把力点放在这了。力点应该在这个杆子底下这一部分，只有你打得把力量放到这，这就是捎带的，它就不能成为真正的阻力，不能成为对抗了。因为你没有对抗它，你意识在这儿，这个就不成为阻力，而且你还能破坏它，破坏它的中线，你这个还可以二次攻击。所以力点在这。

很多人力点放到这和这，放到这，你看，解决不了问题，他还可以跟你是对等关系，你启动他也能启动。你力量放到这，他就启动不了。

很多人力量放到这，你打下去了，打下去是自己死了，对方没问题。所以我们把力量放到这，你看，放到这的同时就过来了。放到这，这是往下的。

横着呢，横着，有些人像刷锅一样，干这个事这没有意义；那有些人狠，他干这个事，这个事情更没有意义，这个是背对人给对方打。所以不能绝对。看，让开来，打完了以后就过去，“唰”就过去了，你力点过一点儿，利用对方的震动，你又归位了，归到中位，归到这个中线位置，对方偏了，对方还帮你，这是两个人打一个人，是这个原理。

我们今天早上学的是一横一竖，两个人对练，我们现在找到这个中了。

安心，不追着打。用中，看身上。有些人他习惯用力，实际上是不用力，不用力这一打，就划下去，它自然，这个鞭杆有灵性的，我们说以己之能借鞭之势，要用它，用它的性能，你不能控制它。就跟写字一样，古人说笔性，那么软的笔能写那么刚猛的字，那就是你掌握它，用它。你不用它，你自己在那戳，戳半天，那没用。我们用这个鞭杆，用这个鞭杆随便就是这个东西。

为什么要合上

不是为了合上，只有合上才能出去，看，打出去以后再合上那就没有意义了。合上，用这个滑的劲把鞭杆送出去，你看前手，假设前手不动的话，后手这豁一下，把它豁出去。豁出去以后，后手要伸出去，才能对上，如果后手不伸出去，那变成这样。两个手都是直的，打直了。

合住，打完以后，你看这后手，不管从底下、从中间、从上面、从任何地方，后手都是帮忙，前手是定位，前手定位伸直，后手是帮忙，帮忙把它划过去，用它的惯性。

为什么要合住呢？合住了，这鞭杆你就控制不住它，你控制不住它，它才能发挥作用。你看这就变成棍子了，练棍子——它绞，它这样。鞭杆是这样，鞭杆你一碰它，它就回来了，你一碰它，它就变了。

全神贯注

要全神贯注，不能漫不经心。有些人他就跟没关系一样。要随，全神贯注把它舒展，要舒展，要打出去。你漫不经心就起不到抒发情感，抒发精神的作用。你用它就抒发，无目的，无方向。

不假定目标

不错，打得不错。就是他的力点清晰。其实力点也不能太清晰，你是打定点。就抒发感情，没有目标。有目标感觉挺好也是惯性，因为这个不是技法。

就像刚才凤辉问这“用怎么用？”，练这不是用，用就是在这过程当中遇到什么，你有了能力了，有能力了你遇到什么，啪，这就用了，唰，手就起来了。你说是哪一招？不是，这一招从来没练过。

你再刺过来，哗，就过去了，打到这手上，瞬间就……就是平常养成这个东西。平常养成这东西，所以不能定目标，不能定点。

练的时候无目的，不要假定目标，一假定目标就追这个目标，老是感觉够不着一样。或者你要假定目标，你可以把目标的距离放近一点儿。我假定目标在这，我只要伸直就行了。伸直，伸直了打。

把力量释放出去

有些人他没有信心，他不信任这个，他自己要控制。控制就僵硬了。不控制，用这个。力点，用力的力点，你看我从这边往这边走，我力点放到这就行了，不能放到这，在这里是没有力的，在这个点上才有力。如果力量纯粹放到这，你刚到这，力量就结束了，你力量过一点儿，过一点儿它力量就完全释放出去。

为什么要贴住

前手贴住，只有贴着才可以送出去。如果这手不挨着身体，你看在这里，就没有送的这个过程，看，送出去。贴着，送出去。

一横一竖变成一个东西

你再举起来，如果已经在这了，看，如果一下闪过来到这里来了，你目标在这，你就压过来了，直接压过来打过去。

再举起来，这个很重要很重要啊！你看，压过来，这不是横嘛，如果对方器械很有功夫，器械又很粗，打不过去，打不过去就“唰”，直接就把他手给切了，就是一横一竖变成一个东西了，有意思吧！一横一竖是一个东西，它没有说打两下，借助他的力量，“唰”地一下。

法是一样的

大家把鞭杆放到地下。原地站一会儿。

膝关节的弹性是靠胯的起落，肩胯这个中枢是一个整体，用这个整体调整膝关节的弹性。手臂不影响这个整体，这整体始终是这样的。整体是起落。轻微的起落……

练鞭杆的时候，看，是这个整体运用鞭杆……身子用这个腿，整体……手上不能有动作，手上不能用力，一用力就把整体夺了。有些人练成功夫，练成功夫就把自己夺了。不练功夫……伸直不影响它。进退，整体进退，就跟木偶一样，提着线，是这个东西。身躯是主体，不能懈到腿上。

好，现在两个东西就变成一个东西了，不管练鞭杆还是立禅，都是立禅，都是练鞭杆，都一样的。

不住于相

师父：你，不错，就是太合于法度了。合于法度，不住于相。可能跟你做工作有关系，只要原理原则对，不能落到形式，你这样……就可以了。你这个对，没问题。但是这个对……

学员：着相了？

师父：我再补充一下，你那个就往不对的地方做，你别担心不对，你也别担心别人认为你不对，太在意对了。

学员：就想做得很准确的那种。

师父：啊，那肯定错了。刚才说你那个着于相是客气，不客气的话就是错了，那种对是错的。

学员：没有用意，只用到形。

师父：对，意用错了，把意用到想对的那个形上了。鞭杆这个学问很好。

居于德

艳杰：昨天我练鞭杆之后感觉，其实鞭杆它不是练一个技术和功夫的事儿，其实它是验证你自己的性格。我就感觉我还有很多不放松，特别僵硬。僵硬其实就是性格的问题。我觉得通过鞭杆，我不是简单的想把鞭杆练好，我是想通过练鞭杆把自己性格当中这种固执的地方修炼好。

师父：对，你说的很好，今天你说这个对大家都有帮助。一个是，你看王先生说大成拳是“纠性情的偏颇”。因为大家初学嘛，慢慢学吧。

我们练鞭杆的时候，通过动作一看，噢，我自己精神没有舒展，我自己又怎么样了，为什么还改不过来？就要反省自己。为什么要拿这么紧？为什么脱手了？就要反省自己，这是很重要的。

还有一个很重要的就是你自己的性情要清晰，

要知道。像你这，你知道了，知道这就是进步，这就很厉害。

海龙：今天我看师父打的那个棍子，那全身都是松的。我们打的哪都是紧的。

士林：你看这根鞭杆一拿，那真是百人百相。你身体如果不对，有问题，包括你做动作有问题，其实就是你的心有问题。师父说“纠性情之偏”嘛。你通过练习动作，包括你前倾的不倾了，不对称的对称了，慢慢地你的心就归位了。

师父：鞭杆只是你心性和身体的一个外在显现。你显现的话，哦，这不合适，通过练习让他回归到合适，所以它不止是根鞭杆，它的道理在这儿。但是它很实用，这实用是最粗浅的。

海龙：对，像我们这样的练就是抒发性情，对吧？

师父：抒发性情。

海龙：能够保持中正，那这就很好了。我们也不会说指望着拿它去用。

师父：练对了，就“居于德”。你练练德行有了，就规避了不好的事情，让生活中没有这些不好的事情，这是最大的用处。

- 鞭杆练好了，第一件事情就是心松了，心大了，要学会不控制。
- 把这个一“横”一“竖”学会对你很有帮助，因为这个就把你的心态给变了，它能让弱的强大，能让强的平和，能中和，这个东西确实很厉害。
- 这鞭杆很有意思，对身体好，对认知也有改善，对检查自身也有作用，要不然自己的习气惯性自己觉察不到。
- 鞭杆练熟了之后身手动作会有质变，这时候平常你随便拿个东西就可以用了。书包、电脑包、化妆包、伞、铅笔、筷子都能用。

- 鞭杆不是单纯的技法这么简单，练这个的过程当中，人的觉知力就产生了。写字的人说，“字如其人”，练鞭杆也是一样的，什么人什么动作，它是性格的显现。每一个人是什么样的人，你练练就知道了，自己就了解自己了。
- 练习鞭杆的过程中，动作不对，实际上是心有问题，我们可以通过正确的练习方法，慢慢地让自己的心归位。

——摘自《禅海鞭影》